Die lustigsten Witze für Erstleser

Die lustigsten Witze für Erstleser

1. Auflage 2015 als Loewe-Taschenbuch
erschienen in der Reihe Leselöwen unter den Titeln
Kinderwitze 1 (© 1997 Loewe Verlag GmbH, Bindlach,
farbig illustriert von Lila Leiber),
Kinderwitze 5 (© 1996 Loewe Verlag GmbH, Bindlach,
farbig illustriert von Lila Leiber) und
Kinderwitze (© 2005, 2000 Loewe Verlag GmbH, Bindlach,
farbig illustriert von Dorothea Tust)
Umschlagillustration: Heribert Schulmeyer
Umschlaggestaltung: Elke Kohlmann
Printed in Poland

www.loewe-verlag.de

Inhalt

Wenn zwei sich unterhalten	7
Viechereien!	10
Ganz schön frech	13
Fragt der Lehrer seine Schüler	20
Es schrieb einmal vor vielen Jahren	24
Lach mit Herrn Lustig	27
Wer dumme Fragen stellt	31
Immer diese Erwachsenen	34
Das kann ja heiter werden 1	40
Im Restaurant aufgeschnappt	42
„Hab ich doch", meint Fridolin	46
Schüler sind schlaue Rechner!	48
Ja, wenn man's wörtlich nimmt	51
Es darf gelacht werden – ohne Ende	54
Selten so gelacht	58
Das kommt in der besten Familie vor	63
Gefragt, warum …	69
Pfarrer Guthirt und seine Schäfchen	74
Das kann ja heiter werden 2	80
Also, das ist doch die Höhe	85
Reporter Pfiffikus fragt	89

Tierisch komisch 94
„Entschuldigung, Frau Lehrerin …" 99
Da bleibt kein Auge trocken 102
Witze, die sich gewaschen haben 107
Mit Oma könnt ihr das ja machen! 112
Das kann ja heiter werden 3 118
Wie sie heißen, was sie sind … 120
Kommt ein Nilpferd in die Kneipe 124
Gut aufgelegt mit Herrn Zangerle 130
„Herr Doktor, hier tut's weh!". 134
Unterwegs – nicht nur auf Rädern 139
Immer Ärger mit den Lehrern 143
Lach dich tot bis an das Ende! 149

WENN ZWEI SICH UNTERHALTEN

„Die Tremmels im ersten Stock – das sind ziemlich arme Leute, oder?"
„Wie kommst du denn darauf?"
„Das Baby von Tremmels hat ein Cent-Stück verschluckt. Und jetzt sind alle ganz aufgeregt. Sie wollen das Geld unbedingt wieder raushaben."

„Verlangt dein Vater von dir auch, dass du vor den Mahlzeiten betest?"
„Nein. Meine Mutter kocht ganz gut."

„Warum haben Sie denn Ihren schönen gelben Wagen violett lackieren lassen?"
„Weil die Leute immer Briefe reingeworfen haben."

„Mein Hund kann allein mit der Pfote die Haustür öffnen."
„Das ist gar nichts! Meiner hat seinen eigenen Hausschlüssel."

„Gerda, iss jetzt bitte deine Suppe auf! Manches arme Mädchen wäre froh, wenn es nur die Hälfte hätte."
„Ich auch."

„Hallo, Ute! Wie geht dein neues Fahrrad?"
„Mein neues Fahrrad geht nicht, es fährt."
„Und wie fährt es?"
„Es geht."

„Was ist der Unterschied zwischen einem Beinbruch und einem Einbruch?"
„Nach einem Beinbruch muss man drei Monate liegen, nach einem Einbruch drei Monate sitzen."

VIECHEREIEN!

Zwei Dackel laufen durch die Wüste.
Sagt der eine zum anderen: „Also, wenn
wir nicht bald zu einem Baum kommen,
passiert ein Unglück."

Die Heringsmutter rät ihrem Jüngsten:
„Schwimm immer gerade, mein Kleiner,
sonst wirst du später ein Rollmops!"

Elefant und Mäuschen gehen über eine Brücke.
Meint der Elefant: „Das dröhnt aber, was?"
„Kein Wunder. Ich habe heute meine schweren Stiefel an."

„Wie gerne würde ich auch mal zum Skilaufen gehen", klagt der Tausendfüßler.
„Aber bis ich meine Bretter dran habe, ist der Winter vorbei."

Im Meer begegnen sich zwei Fische.
Grüßt der eine den anderen: „Hi!"
Fragt der andere den einen: „Wo?"

Mutter Fliege geht mit ihrem Kleinsten über eine Glatze.
„Wie die Zeit vergeht! Als ich so alt war wie du, war hier nur ein schmaler Fußweg."

Warnt ein besorgter Schneckenvater seinen Nachwuchs:
„Dass ihr mir ja nicht über die Straße rennt! In drei Stunden kommt der Bus."

Ganz schön frech

Auf der Straße

Ein Polizist hält einen Radfahrer an. Er schreibt auf: „Keine Klingel: 5 Euro. Keine Tretstrahler: 10 Euro. Kein Scheinwerfer, kein Rücklicht: 20 Euro. Macht zusammen 35 Euro."
Dreht sich der Radfahrer um und ruft: „Gucken Sie mal, dort kommt das Geschäft Ihres Lebens!"
„Wieso?", fragt der Polizist.
Radfahrer: „Da kommt einer ohne Fahrrad."

Am Geburtstag

Onkel Willi: „Weil du immer so hilfsbereit bist, schenke ich dir diesen schönen, neuen, blitzblanken Euro noch extra."
Gabi: „Aber das ist wirklich nicht nötig, Onkel Willi! Ein hässlicher, alter, verdreckter Zehneuroschein täte es auch."

In der Küche

„Kind, du hast heute schon wieder von den Plätzchen stibitzt!"
„Ganz gewiss nicht!"

„Lüg nicht! Ich kann dir's ja an den Augen ablesen."
„Nein, das steht noch von gestern drin."

Am ersten Schultag

„Ich möchte gerne wissen, wie ihr heißt", sagt die Lehrerin.
„Sepp heiße ich", antwortet der erste Schüler.
„Das heißt Josef", verbessert ihn die Lehrerin.
„Ich heiße Hannes", sagt der zweite.
„Das heißt Johannes. – Und du?"
„Ich heiße Jokurt."

Im Eisenbahnabteil

„Aus Ihrem Rucksack tropft es!", stellt ein Fahrgast fest. Er probiert ein bisschen von der Flüssigkeit und fragt dann: „Guter alter Weißwein?"
„Weit gefehlt: guter alter Dackel!"

Am Sonntagvormittag

Tante Frieda ist zu Besuch. Bei Tisch sitzt die kleine Jutta eine Zeit lang ruhig da und starrt die Tante an. Dann steht sie auf, geht zur Tante und leckt mit der Zunge an ihrem Kleid.
Ungehalten springt Tante Frieda auf. Jutta aber sagt ganz ruhig: „Mama hat recht. Das Kleid ist vollkommen geschmacklos."

Bei der Gartenarbeit

Vater: „Du bist ein Ferkel, Hans! Hoffentlich weißt du auch, was das ist!"
Hans: „Selbstverständlich. Das ist das Kind von einem Schwein."

Am Nachmittag

Die Mutter fleht ihren Sohn an: „Streng dich doch endlich einmal etwas mehr an!" Darauf der Sohn: „Ich will mich nicht anstrengen. Ich will nicht klug werden. Ich will auch nicht schön werden. Ich will genauso werden wie Vater."

In der Deutschstunde

Die junge Lehrerin legt ihren neuen Hut auf den Tisch und fordert die Kinder auf ihn zu beschreiben.
Nach einiger Zeit meldet sich ein Mädchen: „Schreibt man ‚scheußlich' mit ‚eu' oder mit ‚äu'?"

Anruf beim Fleischer

„Haben Sie Eisbein?"
„Ja."
„Haben Sie eine Pökelzunge?"
„Gewiss."
„Haben Sie Schweinsohren?"
„Aber sicher."
„Meine Güte! Müssen Sie aber komisch aussehen!"

In der U-Bahn

Eine alte Dame zeigt dem Kontrolleur die Fahrkarte.
„Das ist ja eine Kinderfahrkarte, meine Dame!", stellt der Kontrolleur fest.
Sagt die Dame: „Da können Sie mal sehen, wie lange ich auf diese U-Bahn gewartet habe!"

In der Schule

Lehrer: „Peter, du solltest dich schämen! Als ich so jung war wie du, konnte ich noch einmal so gut lesen wie du."
Peter: „Ja, Sie werden bestimmt einen noch einmal so guten Lehrer gehabt haben."

Fragt der Lehrer seine Schüler

„Warum fressen Löwen rohes Fleisch?"
„Weil sie nicht kochen können."

„Was kaust du denn da?"
„Kaugummi."
„Wirf ihn sofort weg!"
„Das geht nicht. Den hat mir mein Freund geliehen."

„Welches sind die äußeren Zeichen der Taufe?"
„Kaffee und Kuchen."

„Warum summen die Bienen?"
„Weil sie den Text vergessen haben."

„Zwanzig Jahre bin ich jetzt Lehrerin. Welche vier Wörter habe ich wohl am häufigsten von euch gehört?"
„Ich weiß es nicht."
„Das stimmt. Genau diese vier Wörter."

„Wer von euch weiß, woher der Strom kommt?"
„Aus dem Urwald."
„Warum denn das?"
„Gestern hat mein Onkel gesagt: ‚Jetzt haben uns die Affen schon wieder den Strom abgedreht'."

„Was ist an folgendem Satz falsch: Der Ochse und die Kuh weidet auf der Wiese?"
„Die Dame nennt man immer zuerst."

„Was tust du, Anni? Lernst du etwas?"
„Nein, Herr Lehrer, ich höre Ihnen zu."

„Wozu gehört der Wal?"
„Zu den Säugetieren."
„Und wozu gehört der Hering?"
„Zu den Salzkartoffeln."

„Wer weiß, wie lange Krokodile leben?"
„Genauso wie kurze Krokodile."

„Warum habe ich eben ‚kleiner Dummkopf'
zu dir gesagt?"
„Weil ich noch nicht so groß bin wie Sie."

„Kennt ihr ein Tier, das bei uns nicht
vorkommt?"
„Ja, der Dackel."
„Unsinn! Wieso denn der Dackel?"
„Also: Wenn unser Dackel unterm Sofa
liegt, kann man machen, was man will, der
kommt nicht vor."

… ein Fleischermeister auf ein Schaufensterschild:
Auf Wunsch zerhacke ich meinen Kunden die Knochen.

… ein Vater an den Englischlehrer seiner Tochter:
Bitte, lassen Sie Petra heute kein Englisch lernen. Ihre Stimme ist noch so heiser, dass sie kaum deutsch sprechen kann. Danke.

… ein Schüler über die Weisen aus dem Morgenland:
Und sie fanden beide, Maria und Josef, in Windeln gewickelt und in einer Krippe liegen.

… ein Bauernjunge in seinem Schulaufsatz:
Vater wollte starten. Aber er sprang nicht an. Da musste ich den Traktor holen und ihn abschleppen.

… eine Mutter als Entschuldigung für die Verspätung:
Wilhelm kommt heute ausnahmsweise später, weil er nicht früher aufgestanden ist.

… ein Bürgermeister an die Eltern der Schulneulinge:
Die Kinder, die am 1. Mai in die Schule aufgenommen werden, sind in dem Kasten am Rathaus angenagelt.

„Wohin fahren Sie im Urlaub, Herr Lustig?"
„Ich will mal nach Sicht."
„Sicht? Wo liegt denn das?"
„Das möchte ich auch gern wissen. In der Zeitung heißt es in letzter Zeit öfters: ‚Schönes Wetter in Sicht'."

Polizist: „Ihr Autokennzeichen ist völlig verschmutzt. Man kann nichts mehr erkennen."
Herr Lustig: „Macht nichts, die Nummer weiß ich auswendig."

Mit seinem verbeulten Auto fährt Herr Lustig an die Tankstelle.
„Volltanken, bitte! Und dann noch waschen!"
Fragt der Tankwart: „Bügeln auch?"

Vor einem riesigen Berg geschnittener Semmeln sitzt Herr Lustig. Schaut sein Nachbar zum Fenster herein und will wissen, was Herr Lustig da macht.
„Eine besondere Semmelspeise soll das werden. Im Kochbuch steht: ‚Man schneide drei Tage alte Semmeln.' Ich schneide erst zwei Tage."

Der Nachbar von Herrn Lustig: „Ich war schon als kleines Kind intelligent. Mit zehn Monaten konnte ich bereits laufen."
„Was, intelligent nennen Sie das?", fragt Herr Lustig. „Ich habe mich mit drei Jahren noch tragen lassen."

Der Arzt zu Herrn Lustig: „Ich habe Ihnen hier ein Rezept aufgeschrieben."
„Oh, danke, Herr Doktor! Kochen Sie auch so gern?"

„Werter Herr, Sie kenne ich", ruft Herr Lustig, als er sein Gesicht im Spiegel sieht.
„Ja, ja, Sie kommen mir schon lange verdächtig vor!"

Herr Lustig wird gefragt: „Stehen Sie immer so früh auf?"
Er antwortet: „Nein, nur einmal am Tag."

„Sie sind Zauberkünstler?"
„Ja, ich zersäge Mädchen."
„Haben Sie noch Geschwister?"
„Ja, zwei Halbschwestern."

„Stefan, was stellst du dir unter einer
Hängebrücke vor?"
Stefan muss nicht lange überlegen:
„Wasser."

Der Pfarrer entdeckt ein Paar Schlittschuhe in der Sakristei.
„Wem gehören denn die?", fragt er den jüngsten Messdiener.
„Wahrscheinlich den Eisheiligen."

Opa ist zu Besuch. Beim Mittagessen schaut er ärgerlich auf seinen Enkel.
„Aber Junge, wie kann man denn mit vollem Mund reden?"
„Ach, Opa, halb so schlimm! Reine Übungssache!"

„Wenn ich immer in diese Richtung gehe – steht da das Rathaus?"
„Ja. Das steht auch da, wenn Sie in die andere Richtung gehen."

Lehrer: „Fred, du hast dieselben sieben Fehler im Diktat wie dein Tischnachbar. Wie erklärst du das?"
Fred: „Das ist einfach. Wir haben beide den gleichen Lehrer."

Im Religionsunterricht erfährt Sabine, dass Jesus große Wunder gewirkt hat: Die Lahmen machte er gehend, die Blinden sehend.
„Und die Tauben – was hat Jesus mit den Tauben gemacht?"
„Die ließ er fliegen", wusste Sabine.

Zwei Damen im Café unterhalten sich.
„Waren Sie eigentlich in München länger oder in Innsbruck?"
„Entschuldigen Sie, aber ich war überall 1 Meter 68."

„Kannst du mir sagen, wie spät es ist?",
fragt ein Spaziergänger einen Jungen.
Dieser, sehr höflich: „Ja, gerne. In zehn
Minuten ist es 5 Uhr."
Der Spaziergänger, ungehalten: „Ich will
nicht wissen, wie spät es in zehn Minuten
ist, sondern wie spät es jetzt ist!"

Mit einem dicken Verband um den Kopf
und einem Gipsbein kommt der Lehrling
zur Baustelle gehumpelt, um 10 Uhr statt
um 7 Uhr.
„Ganz schön spät", murrt der Chef.

Jammert der Lehrling: „Ich bin vom zweiten Stock aus dem Fenster gefallen!"
Den Chef rührt das nicht: „Das wird doch wohl keine drei Stunden gedauert haben!"

„Mag Ihr Hund kleine Kinder?", fragt Moni den Mann mit der Dogge.
„O ja", sagt der Mann, „aber ich kaufe ihm doch lieber Rindfleisch."

Karli schreit Gerd an: „Du bist ein Kamel!"
Gerd schreit Karli an: „Und du bist ein noch größeres!"
Vater geht das Geschrei auf die Nerven.
„Ihr habt anscheinend vergessen, dass ich auch noch im Zimmer bin."

Einem Spaziergänger fällt ein Blumentopf auf den Kopf.
„Ist das eine Unverschämtheit!", schreit er und schaut dabei nach oben.
Von dort tönt es herab: „Aber nicht doch! Das ist ein Alpenveilchen."

Eine ältere Dame wird von einem Radfahrer angefahren und fällt hin. Der Radfahrer hilft der Frau auf und sagt dabei: „Da haben Sie aber Glück gehabt, dass ich heute meinen freien Tag habe."
„Warum denn das?"
„Weil ich normalerweise einen Omnibus fahre."

Mit eingegipstem Arm liegt Frau Meier nach einem Fahrradunfall im Krankenhaus. Sie fragt den Arzt: „Werde ich später mit meiner Hand wirklich alles machen können?"

„Aber natürlich!"
„Kann ich dann zum Beispiel auch Klavier spielen?"
„Klar, Frau Meier!"
„Wie schön, Herr Doktor! Das wollte ich immer schon mal können!"

Beim Frisör

„Was kostet Haareschneiden?"
„Zehn Euro fünfzig."
„Und was zahlt man bei Ihnen fürs Rasieren?"
„Vier Euro."
„Dann rasieren Sie mir mal den Kopf!"

Im überfüllten Bus tippt eine ältere Frau einem sitzenden jungen Mann auf die Schulter: „Gestatten Sie, dass ich Ihnen meinen Stehplatz anbiete?"

Tante Marlene schreibt einen Brief.
„Warum schreibst du denn so langsam?", erkundigt sich Elke.
„Weißt du, mein Kind, den Brief bekommt mein Neffe Fritz. Der ist erst sieben Jahre alt und kann nur ganz langsam lesen."

Das kann ja...

Meine Oma fährt Motorrad,

Eine Zeitungsleserin weiß mehr,

Unsere Lehrerin versteht Spanisch,

Eine Autofahrerin gibt Gas,

Unsere Nachbarin wäscht den Zaun,

Eine Nichtschwimmerin taucht nie,

Unsere Mitschülerin duftet nach Jasmin,

Eine Spaziergängerin regt sich auf,

Meine Mama tanzt auf Zehenspitzen,

Verbinde die Hauptsätze oben mit den Nebensätzen auf der rechten Seite, wie es dir gefällt. Es ergeben sich witzige Geschichten.

...heiter werden

weil sie keinen Ausweg mehr weiß.

weil ihr Hund sonst Männchen macht.

weil sie nichts Besseres zu tun hat.

weil ihr Mann kein Verständnis dafür hat.

weil sie morgens kein Wort sprechen kann.

weil ihr Freund in Amerika ist.

weil sie von Kind auf daran gewöhnt ist.

weil ihr Vater immer dagegen war.

weil sie ein gutes Herz hat.

IM RESTAURANT AUFGESCHNAPPT

Kellner zum Gast: „Hatten Sie einen Nachtisch genommen?"
Gast zum Kellner: „Wieso? Fehlt einer?"

Gast zum Gast: „Essen Sie gerne Wild?"
Gast zum Gast: „Nein, lieber ruhig und gemütlich."

Gast zum Kellner: „In meiner Tischdecke ist ein Loch."
Kellner zum Gast: „Augenblick, bitte, das Nähzeug kommt sofort!"

Gast zum Wirt: „Jetzt habe ich schon mindestens zehnmal Schweinebraten mit Kraut und Knödeln bestellt!"
Wirt zum Gast: „Tut mir leid, aber bei solchen Mengen dauert es immer etwas länger."

Gast zum Kellner: „Am Tellerrand sitzt eine Fliege und grinst mich frech an."
Kellner zum Gast: „Tut mir leid, aber wenn man Ihnen beim Essen zuschaut, kann man sich das Grinsen kaum verkneifen."

Gast zum Kellner: „Der Schaumwein schäumt ja nicht!"
Kellner zum Gast: „Na und? Bellt etwa ein Hundekuchen?"

Gast zum Kellner: „So, jetzt empfehlen Sie mir doch bitte mal was Gutes!"
Kellner zum Gast: „Da kann ich Ihnen nur das Restaurant gegenüber empfehlen."

Gast zum Kellner: „Der Hund starrt dauernd auf mein Essen."
Kellner zum Gast: „Kein Wunder, Sie haben ja auch seinen Teller."

Gast zum Wirt: „Sie sagten, Sie hätten eines Tages gemerkt, dass Ihr Koch spinnt. Woran denn?"
Wirt zum Gast: „Daran, dass er beim Zwiebelschneiden immer lachte."

Kellner zum Gast: „Die Hähnchen sind leider ausgegangen."
Gast zum Kellner: „Wann kommen sie denn zurück?"

Gast zum Kellner: „Mein Teller ist nass."
Kellner zum Gast: „Das ist die Suppe, mein Herr!"

Beim Schafehüten

„Ich hatte dich gebeten, alle Schafe zu zählen."
„Hab ich doch", meint Fridolin. „Nur das letzte, das lief so schnell, das konnte ich nicht zählen."

In der Küche

„Junge, ich hab dir doch gesagt, du sollst aufpassen, wann die Milch überkocht!"
„Hab ich doch", meint Fridolin. „Es war genau Viertel nach elf."

Bei Tisch

„Wie oft habe ich dir schon gesagt, dass du beim Essen nicht mit den Füßen zappeln sollst! Hast du denn keine Ohren?"
„Hab ich doch", meint Fridolin. „Aber wie soll ich denn mit den Ohren zappeln?"

Lehrerin: „Auf diesen Tisch lege ich drei Eier. Du legst ein Ei dazu. Wie viele sind es dann im Ganzen?"
Schüler: „Drei. Ich kann keine Eier legen. Unmöglich!"

Lehrer: „Du hast in deiner Hosentasche sechs Euro. Einen Euro verlierst du. Was hast du dann?"
Schülerin: „Ein Loch in der Hosentasche."

Lehrer: „Zwei mal zwei ist vier, drei mal drei ist neun – doch wie viel ist achtzehn mal neunzehn?"
Schüler: „Das haben wir gern! Die leichten Fragen beantworten Sie selbst, bei den schwierigen wenden Sie sich immer an uns."

Lehrerin: „Wenn du zweiundzwanzig Kaugummis hast und ich nehme dir einen weg – was macht das dann?"
Schülerin: „Ach, das macht gar nichts."

Lehrer: „Drei ganze Tage und fünf halbe Liter Bier – was gibt das zusammen?"
Schüler: „Einen Rausch."

Lehrer: „Wie kommt es, dass in letzter Zeit alle deine Rechenhausaufgaben richtig sind?"
Schülerin: „Mein Vater ist verreist."

Lehrerin: „Ich schneide eine Pflaume in vier Teile. Dann nehme ich die vier Teile weg. Was bleibt übrig?"
Schüler: „Der Kern."

Lehrerin: „Wenn du jeden Tag für 50 Cent Bonbons kaufst – was gibt das in einer Woche?"
Schülerin: „Zahnschmerzen."

Ja, wenn man's wörtlich nimmt

Eine junge Dame kauft für ihren Hund einen Maulkorb.
„Gnädige Frau", wendet sich der Fachhändler an seine Kundin, „soll ich Ihnen den Maulkorb zuschicken oder wollen Sie ihn selbst tragen?"

Ein älterer Herr mit ziemlich kahlem Kopf fragt seinen Frisör: „Können Sie mein Haar locken?"
„Versuchen kann ich's ja. Aber ob es herauskommt?"

Herr Kugler steht mit seinem Geigenkasten unter dem Arm an einer Straßenbahnhaltestelle.
Ein Neugieriger kommt vorbei und fragt:
„Spielen Sie Geige?"
„Nein! Hören Sie denn etwas?"

Helmut ist krank. Seine kleine Schwester Rike ruft den Arzt an:
„Bitte, kommen Sie bald, Herr Doktor, Helmut hat Fieber."
„Ist es sehr hoch?", fragt der Arzt.
„Nein, bloß ein paar Treppen!"

„Entschuldigen Sie, ich möchte zum Bahnhof."
„Aber bitte! Ich habe nichts dagegen."

Es klingelt an der Haustür.
Steffi öffnet.
Ein Hausierer steht draußen.
Er sagt: „Frag mal deinen Vater, ob er Hosenträger kaufen möchte!"
Prompt tönt es aus der Küche:
„Hosenträger brauchen wir nicht. Wir tragen unsere Hosen selbst!"

Vater zu seinem Töchterchen: „Heute fühle ich mich hundeelend. Außerdem ist mir seit Stunden sauschlecht!"
Meint die Kleine: „Dann geh doch mal zum Tierarzt, Papi!"

Marktschreier: „Klobürsten – extra billig! Klobürsten – heute im Angebot!"
Ein Mann (zu sich selbst sprechend):
„Ach, lieber nicht. Wir haben uns so an das Papier gewöhnt."

Liese: „Du, Tini, wollen wir ‚Vater und Mutter' spielen?"
Tini: „Aber Vater hat doch gesagt, wir sollen etwas spielen, das keinen Krach macht."

„Käthe, diesen Teppich musst du stärker klopfen!"
„Das geht doch nicht. Dann staubt er so!"

Benni sitzt mit seinen Eltern im Gasthaus.
Vater bestellt: „Bringen Sie uns zwei Glas Bier!"
Fragt Benni den Vater: „Und was ist mit Mutter, kriegt die nichts?"

Diener Berthold öffnet dem alten, schwerhörigen Grafen die Tür:
„Na, alter Knacker, wieder im Wirtshaus gewesen und gesoffen?"
„Nein, Berthold, in der Stadt gewesen, Hörgerät gekauft!"

„Mein Onkel ist Pfarrer. Alle Leute sagen ‚Hochwürden' zu ihm."
„Mein Onkel ist Kardinal. Zu dem sagen alle ‚Exzellenz'."
„Na und? Mein Onkel wiegt 150 Kilo. Zu dem sagen alle: ‚Ach, du lieber Gott!'"

Zwei Fallschirmspringer versuchen ihren Fallschirm zu öffnen. Wild zerrt der eine an der Schnur und schreit: „Verdammt noch mal! Mein Fallschirm geht nicht auf!"
„Meiner auch nicht", ruft der andere, „aber denk dir nichts dabei – ist ja nur ein Übungsspringen!"

Einige Jungen, die vor der Schule lärmen und johlen, fährt der Hausmeister an: „Wenn ihr hier schreien und toben wollt, müsst ihr entweder still sein oder anderswo hingehen."

Der Vater verkündet seinem kleinen Sohn, dass er soeben ein Schwesterchen bekommen hat. Darauf der Vierjährige: „Weiß es die Mutti schon?"

Der Lehrer sagt: „Ihr sollt euch nicht zum Fenster hinauslehnen. Da fällt mir noch einer hinaus und nachher will's wieder keiner gewesen sein!"

SELTEN SO GELACHT

Ein Haar in der Suppe

Regt sich ein Gast im Restaurant auf: „Ein Haar in der Suppe! Das ist doch allerhand!" Darauf der Ober: „Besser ein Haar in der Suppe als Suppe im Haar."

Stimmt's etwa nicht?

Auf einer Party sagt ein Gast zu einem andern, der nicht gerade den fröhlichsten Eindruck macht: „Lieber Feste feiern als feste arbeiten, oder?"

Im Rückwärtsgang

„Was fliegt in der Luft herum und macht ständig ‚mus, mus, mus'?"
„Eine Biene im Rückwärtsgang. Wenn sie vorwärts fliegt, macht sie ständig ‚summ, summ, summ'."

Erst das alte!

Der Vertreter vor der Haustür, freundlich und säuselnd zu dem jungen Mann, der geöffnet hat: „Ein super Lexikon, fünfzehn Bände in Leinen gebunden, ganz neu …!" – „Danke", wehrt der junge Mann ab, „ich hab das alte noch nicht durch!"

Was aus Hansi werden soll

„Was soll denn aus dem Hansi einmal werden?"
„Ja, wofür zeigt er denn eine besondere Vorliebe?"
„Für die Viecher …"
„Da wär ich dafür, dass er Metzger werden soll."

Beim Augenarzt

Herr Lässig ist kurzsichtig. Er soll eine Brille bekommen. Der Augenarzt muss die Sehkraft überprüfen und bittet Herrn Lässig, Platz zu nehmen.

Arzt: „Lesen Sie bitte diese Buchstaben!"
Lässig: „Welche Buchstaben?"
Arzt: „Die auf der Tafel."
Lässig: „Auf welcher Tafel?"
Arzt: „Auf der Tafel an der Wand."
Lässig: „Auf welcher Wand?"
Arzt: „Herr Lässig, alles was recht ist! Sie brauchen keine Brille, sondern einen Blindenhund."

Weil's sonst zu voll wird

Daheim erwartet man die Mutter mit dem fünften Baby aus der Klinik zurück. Großes Hallo. Dieter, der bis dahin Jüngste der Geschwister, zieht eine Schnute und sagt: „Nächstes Jahr kannst du das neue Baby im Krankenhaus lassen, Mutti, weil's hier schon zu voll wird."

Wie lange schon?

„Du, Papi, wie lange bist du eigentlich mit Mami schon verheiratet?"
„Lass mich mal nachdenken, mein Junge! Fast zehn Jahre."
„Und wie lange musst du noch?"

Warum nicht mittags?

„Du, Onkel Max, auf eurem Klo sind so viele scheußliche Fliegen!"
„Na und? Warum gehst du ausgerechnet jetzt drauf und wartest nicht bis Mittag? Da sitzen sie nämlich alle in der Küche!"

Wahrscheinlich ausgeschmiert

„Opa, du hast ja keine Haare mehr …!"
„Kind, das kommt vom Alter!"
„Opa, du hast ja auch gar keine Zähne mehr …!"
„Kind, das kommt vom Alter!"
„Opa, mit dem kleinen Schwesterchen, da haben sie uns wahrscheinlich angeschmiert. Es hat auch keine Haare und keine Zähne. Das ist bestimmt nicht mehr neu!"

Wie ungerecht das ist!

„Sag mal, Papa, ist es wahr, dass die Lehrer bezahlt werden?"
„Gewiss, meine Kleine", sagt Papa.
„Wie ungerecht das ist", bemerkt das Töchterchen. „Wir arbeiten und sie bekommen Geld!"

Verziert und einfach

Zum ersten Mal sieht die zweijährige Bärbel ihre Mutter in der Badewanne. Sie betrachtet sie ausgiebig und sagt dann nachdenklich: „Mami, warum bist *du* so verziert und warum bin *ich* so einfach?"

Was ärgerst du dich?

Sagt der Vater zu seinem achtzehnjährigen Sohn: „Hol mir doch bitte ein Bier aus dem Kiosk!"
Sagt der Achtzehnjährige zu seinem Vater: „Leider keine Zeit, muss sofort wegfahren!"
Sagt der Vater zu seinem vierzehnjährigen Sohn: „Hol *du* mir doch bitte ein Bier aus dem Kiosk!"
Sagt der Vierzehnjährige zu seinem Vater: „Geht nicht, das Länderspiel im Fernsehen fängt gerade an."
Sagt der zehnjährige Sohn zu seinem Vater: „Was ärgerst du dich mit denen lange rum, Papi? Gehst du eben selbst und bringst mir gleich 'ne Packung Kaugummi mit!"

Was für ein schönes Leben!

„Was der Lehrer doch für ein schönes Leben hat!" ruft Toni, als er aus der Schule nach Hause kommt. Auf die Frage seiner Mutter, wie er auf so etwas käme, gibt Toni zur Antwort: „Vormittags hat er immer recht, nachmittags immer frei."

GEFRAGT, WARUM ...

Gefragt, warum
er denn zweihundertmal – statt, wie vereinbart, hundertmal – zur Strafe geschrieben hat: „Ich darf zu Lehrern nicht du sagen", antwortet Ferdi Schräg seinem Lehrer: „Weil ich dachte, du freust dich darüber!"

Gefragt, warum
er eigentlich in die Schule geht, antwortet Ferdi Schräg: „Das frag ich mich auch."

Gefragt, warum
sein Hund immer in die Ecke läuft, wenn es
klingelt, antwortet Ferdi Schräg: „Weil es
ein Boxer ist."

Gefragt, warum
er seinen Lehrer mit einem Blinddarm
verglichen hat, antwortet Ferdi Schräg:
„Ständig gereizt und völlig überflüssig."

Gefragt, warum
er denn kein Englisch lernen will, antwortet
Ferdi Schräg: „Weil ich später sowieso mal
Bundeskanzler werde."

Gefragt, warum
er im Dezember immer nur durch das
Fenster ins Haus geht und es auch durch
das Fenster wieder verlässt, antwortet
Ferdi Schräg: „Weil Weihnachten vor der
Tür steht."

Gefragt, warum
Eskimos eigentlich so lange leben,
antwortet Ferdi Schräg: „Weil sie nicht ins
Gras beißen können."

Gefragt, warum
im Winter keine Häuser gebaut werden,
antwortet Ferdi Schräg: „Weil sonst den
Maurern in der Kälte die Bierflasche
platzt."

Gefragt, warum
er manchmal abends mit seinem Fahrrad
um den Tisch herumfährt, antwortet Ferdi
Schräg: „Damit ich Licht hab!"

Impfung

„Wie viele Sakramente hast du schon bekommen?" will Pfarrer Guthirt von einem Achtjährigen wissen. Sagt dieser: „Zwei, Herr Pfarrer: die heilige Taufe und die heilige Impfung."

Anruf im Rathaus

Pfarrer Guthirt ruft im Rathaus an: „Haben Sie noch nicht bemerkt, dass auf der Wiese neben dem Feuerwehrhaus ein toter Esel liegt?" Der Beamte nimmt den Anruf des Pfarrers nicht so recht ernst und sagt: „Für die Toten sind eigentlich Sie zuständig, Herr Pfarrer." Darauf der Geistliche: „Schon richtig! Aber ich setze mich immer zuerst mit den Verwandten in Verbindung."

Vater geworden

„Ich bin gerade Vater von Drillingen geworden, Herr Pfarrer!" sagt Udo Kremser aus Pfarrer Guthirts Gemeinde aufgeregt am Telefon. Guthirt kann's nicht glauben und bittet: „Können Sie das noch mal wiederholen, Herr Kremser?" Darauf dieser etwas aufgebracht: „Wo denken Sie hin! Ist doch kaum zu schaffen heutzutage, mit sechs Kindern durchzukommen!"

Beim Brautexamen

„Sind Sie überhaupt in der Lage, eine junge Frau zu unterhalten?" fragt Pfarrer Guthirt den Bräutigam. Lächelt dieser den Geistlichen an und sagt: „Doch, doch! Ich kenne eine Menge Witze, habe einen Fernseher und beherrsche fünf Zaubertricks."

Vom Vater hat er's

Vor der Religionsstunde am Montag fällt Pfarrer Guthirt sein bisher bravster Schüler Markus unangenehm auf. Markus flucht und schimpft, als er stolpert. Er nennt seinen Sitznachbarn ein „Kalb Moses" und eine Mitschülerin ein „Misthuhn". Da erkundigt sich Pfarrer Guthirt bei Markus, woher er denn solche groben, scheußlichen Ausdrücke hat. Markus: „Von Papa. Der fährt seit gestern ein neues Auto und ich bin den ganzen Tag neben ihm gesessen."

Teufelsnamen

„Wie heißt denn der Teufel mit seinem zweiten Namen?" will Pfarrer Guthirt im Religionsunterricht wissen. „Pfui!" ruft Carola – vorlaut wie immer.

Verbinde die Hauptsätze dieser und der drei folgenden Seiten mit den Nebensätzen auf Seite 84, wie es dir gefällt. Es ergeben sich witzige Geschichten.

Mein Bruder traut keinem über dreißig,

Ein Ober denkt nichts Schlechtes,

Unser Sportlehrer errötet leicht,

Ein Urlauber benimmt sich unanständig,

Unser Pfarrer kämmt sich
die Haare nach vorn,

Ein Clown bläst
seine Backen auf,

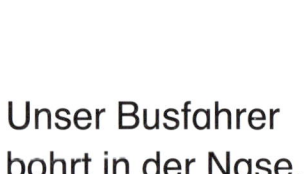

Unser Busfahrer
bohrt in der Nase,

Ein Metzger spuckt
in die Hände,

Mein Freund pfeift
aus dem letzten Loch,

weil er nicht alle Tassen im Schrank hat.

weil ihm das Gehirnschmalz dazu fehlt.

weil er kein Baby mehr ist.

weil ihm schon alles egal ist.

weil er seit gestern beleidigt ist.

weil ihm jeder den Vogel zeigt.

weil er einen komischen Kopf hat.

weil ihm alle sagen, dass er spinnt.

weil er Liebeskummer hat.

Unter Freunden

„Anton, ich hab gehört, deine Frau soll gefährlich krank sein."
Anton: „Nein, mein Lieber, gefährlich ist die nur, wenn sie gesund ist."

Angestellter zum Chef

„Ich würde heute Nachmittag gern zu einer Beerdigung gehen."
Chef: „Zu welcher?"
Angestellter: „Zu Ihrer!"

Professor zum Studenten

„Sagen Sie mir mal, junger Mann, wie lange kann ein Mensch eigentlich ohne Gehirn leben?"
Student: „Entschuldigen Sie bitte, darf ich fragen, wie alt Sie sind?"

Kollegin zu einem Kollegen

„Sie haben so strahlende, gesunde Zähne!"
Kollege grinst breit.
Kollegin: „Gibt's die auch in Weiß?"

Gastwirt zum Kellner

„Mann, passen Sie doch auf! Sie haben ja den Daumen in der Suppe!"
Kellner: „Keine Sorge, die ist nicht mehr heiß."

Antragsteller zum Beamten

„Zwischen Ihnen und einer Jeans ist kaum ein Unterschied."
Beamter: „Wie kommen Sie denn darauf?"
Antragsteller: „An allen wichtigen Stellen sitzen Nieten."

Alter Bauer zu jungem Bauer

„Rauchen deine Kühe?"
Junger Bauer: „Nein, warum?"
Alter Bauer: „Dann brennt dein Stall!"

REPORTER PFIFFIKUS FRAGT

… einen Drittklässler:

„Weißt du, was ein Sattelschlepper ist?"
Sagt der Drittklässler: „Ein Cowboy, der kein Pferd mehr hat."

… einen rüstigen Hundertjährigen:

„Haben Sie noch irgendwelche Sorgen?"
Sagt der Hundertjährige: „Nein, keine
mehr, seit mein jüngster Sohn endlich
einen Platz im Altenheim bekommen hat."

... einen Altwarenhändler:

„Sagen Sie, was verlangen Sie denn für den kleinen, fetten, hässlichen Hund dahinten rechts?"
Sagt der Altwarenhändler: „Psst! Etwas leiser, bitte! Das ist doch der Geschäftsinhaber!"

… einen kleinen Jungen:

„Was meinst du: Gibt es einen Teufel oder nicht?"
Sagt der kleine Junge: „Das ist genauso wie mit dem Nikolaus. Der ist auch bloß dein Vater!"

… einen Brieftaubenzüchter:

„Können Sie denn von der Brieftaubenzucht leben?"
Sagt der Brieftaubenzüchter: „Sehr gut sogar! Morgens verkaufe ich zwanzig und abends sind sie wieder da."

Lustiger Film

Herr Knorrig sitzt mit seinem Dackel im Kino. Ein lustiger Film läuft und der Dackel lacht sich fast kaputt. „Das gibt's doch nicht", sagt eine alte Dame in der Reihe hinter Herrn Knorrig, „dass der lachen kann!" Darauf Herr Knorrig: „Sie können ja rausgehen, wenn Ihnen der Film nicht gefällt …"

Die schlafen auch

„Ob Fische wohl auch schlafen?" fragt Marlies. „Und ob", erklärt ihr Lilly. „Du hast doch schon mal was von einem Flussbett gehört, oder?"

Die sprechen nicht

„Ob Fische wohl auch sprechen können?" denkt Konrad laut vor sich hin. „Ausgeschlossen", weiß Rudi sofort, „oder könntest *du* mit dem Kopf unter Wasser reden?"

Sonst immer Vanille

In eine Konditorei kommt ein Pudel. Er geht zur Theke, verlangt ein Erdbeereis, zahlt und geht. Zwei Damen haben das beobachtet. Sie sitzen wie versteinert. Schließlich wendet sich die eine an den Ober: „Was sagen Sie denn dazu? Das kann's doch nicht geben …!" – Ja, wer's nicht selbst gesehen hat, glaubt es nicht! Sonst kauft er sich nämlich immer Vanilleeis …"

Reingefallen

Eine Maus, die in einem Wirtshaus in Tirol lebt, stürzt in ein Bierglas. Das sieht der Wirtshauskater und grinst hämisch. „Rette mich!" fleht die Wirtshausmaus den Wirtshauskater an, „kannst mich ja nachher fressen!" Der Wirtshauskater kippt das Bierglas um. Die Wirtshausmaus entwischt. Knurrt ihr der Wirtshauskater nach: „Du hast mir versprochen, dass ich dich fressen darf!" Die Wirtshausmaus pfeift aus dem letzten Loch: „Im Rausch verspricht man manches!"

Schwer beunruhigt

Herr und Frau Spatz sitzen auf einem Dachvorsprung. Frau Spatz fängt an zu weinen. Sie ist untröstlich, was immer auch Herr Spatz unternimmt, um sie zu beruhigen. Als er das Geheule nicht mehr ertragen kann, schreit er heraus: „Glaub mir doch! Ich bin nicht verheiratet! Der Ring ist von der Vogelwarte!"

Lehrerinnen und Lehrer können ein Lied davon singen, wie lustig viele Entschuldigungsbriefe der Eltern oft sind. Hier ein paar Beispiele:

„Ich habe den Rheumatismus und ein Kind von vier Jahren. Dieses ist auf die Feuchtigkeit zurückzuführen. Dazu benötige ich meine Tochter Ella."

„Entschuldigung, Frau Lehrerin, dass meine Dochter fällt. Sie hat sich dreimal gebrochen. Morgen schicke ich es Ihnen."

„Um für ihr krankes Bein später eine Beschäftigung zu haben, schicke ich meine Tochter Babett noch in einen Schreibmaschinenkurs."

„Meine Tochter konnte gestern leider die Schule nicht besuchen, weil wir was Kleines bekommen haben, und die Frau Lehrerin weiß ja selbst, wie das ist."

„Wir mussten im nächsten Dorf ein Stück Vieh holen. Mein Sohn konnte deshalb nicht in die Schule kommen, weil das Rindvieh zu langsam lief."

Was für eine Sensation!

„Beim Zirkus Popupuli hat man mich genommen!"
„So, als was denn?"
„Als Liliputaner."
„Gibt's doch nicht bei deiner Figur!"
„Das ist ja gerade die Sensation: der größte Liliputaner Europas!"

Schaufensterbummel

Frau Bissfest bummelt durch die Stadt. Vor dem Schaufenster bei „Mode Mollig" bleibt sie gebannt stehen. Das lange rosa Kleid mit dem gelben Kragen – das gefällt ihr besonders gut! „Darf ich das lange rosa Kleid im Schaufenster anprobieren?" fragt sie die Verkäuferin. „Aber gern, gnädige Frau!" antwortet diese freundlich. „Sie können aber auch eine unserer Umkleidekabinen benützen."

Irgendein Hornochse

Ein kleiner, schmächtiger Junge schleppt sich mit einer ziemlich großen und schweren Holzkiste ab. Ein älterer Spaziergänger begegnet ihm und hilft ihm beim Tragen. Als sie die Kiste am Ziel abgestellt haben, sagt der Herr zu dem Jungen: „Bestell deinem Vater einen schönen Gruß! Er soll in Zukunft seinen kleinen Buben nicht eine so schwere Last tragen lassen." Darauf der Junge: „Dasselbe hab ich meinem Papa auch schon gesagt. Er hat aber behauptet, irgendein Hornochse wird mir schon helfen."

Tante Trine will gehen

Tante Trine war drei Stunden zu Besuch.
„Ich möchte jetzt gehen. Walterle, bringst du mich zur Bushaltestelle?" Walterle: „Das geht leider nicht. Mama hat nämlich gesagt, dass wir die Erdbeertorte anschneiden, sobald du weg bist!"

Großer Durst

„Wie mir scheint, haben Sie häufig Durst. Großen Durst!" sagt der Arzt zum Patienten. Dieser entrüstet: „So weit lass ich es erst gar nicht kommen, Herr Doktor!"

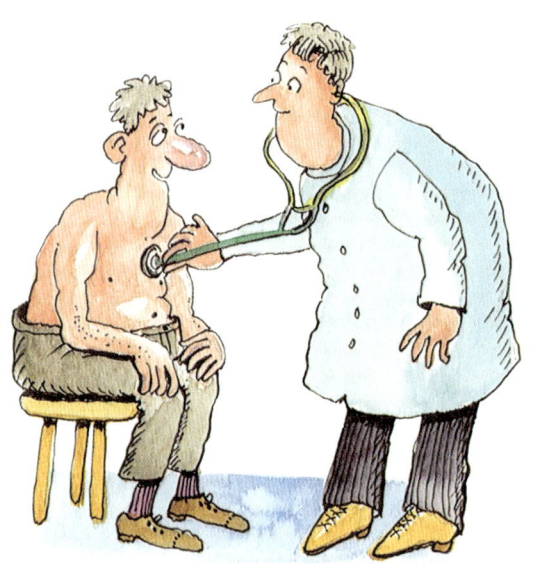

Witze, die sich gewaschen haben

Wozu denn?

Jochen spielt Klavier. Die Mutter entdeckt seine schmutzigen Finger.
„Du hättest dir wenigstens die Hände waschen können, Junge!", ruft sie verärgert.
„Wozu denn?", fragt Jochen. „Ich spiele sowieso nur auf den schwarzen Tasten …"

Unterhaltung am Mittagstisch

„Mama, gestern hat unsere Lehrerin den Edi heimgeschickt."
„Warum denn?"
„Weil er sich nicht gewaschen hatte."
„Und? Hat es etwas genützt?"
„Ja! Heute haben sich schon sieben aus unserer Klasse nicht gewaschen!"

Vergesslich!

„Warum hat Mutter mit dir geschimpft?",
fragt Oliver seine Schwester.
„Weil ich mich nicht gewaschen habe",
antwortet diese.
„Woran hat sie das denn gemerkt?", will
Oliver wissen.
„Ich hab vergessen, Seife und Handtuch
nass zu machen."

Nur nicht übertreiben!

In der Deutschstunde fragt die Lehrerin:
„Du wirst baden, er wird baden, sie wird
baden ... – welche Zeit ist das?"
Ronny überlegt nicht lange und antwortet:
„Allerhöchstens Samstagabend."

Kurzhaarfrisur

„Schau mal", sagt Sabine zu ihrer kleinen Schwester, „ich hab mir jetzt die Haare ganz kurz schneiden lassen, damit ich mich morgens nicht mehr so lange kämmen muss."
Darauf die Schwester: „Schön dumm von dir, Sabine! Dafür musst du dir jetzt jeden Morgen den Hals waschen!"

Das Wasser

Lehrer: „Anton, nenn mir bitte eine Eigenschaft des Wassers!"
Anton: „Wenn ich mich damit wasche, wird es schwarz."

Guter Rat

Oma: „Bevor du in die Schule gehst, solltest du dir die Hände waschen, Karin!"
Karin verzieht das Gesicht und sagt: „Wozu das denn, bitte? Ich melde mich doch sowieso nicht!"

Mit Oma könnt ihr das ja machen!

Nette Einladung

Oma wird von der Familie ihres Sohnes in letzter Zeit öfter zum Nachmittagskaffee eingeladen. Vielleicht, so denkt man in der Familie, rückt Oma dann eher mit ihrem vielen Geld heraus …
Eines Tages sitzen alle mal wieder um den reich gedeckten Kaffeetisch. Oma fühlt sich sichtlich wohl.
Da geht die Tür auf und der Jüngste kommt, sieht die Oma und ruft: „Omi, steh doch bitte mal kurz auf. Papi sagt immer, dass du auf deinem Geld sitzt!"

Nur eine Minute

Oma geht in die Bahnhofshalle. Sie möchte sich eine Zeitung kaufen. Da sieht sie einen gut gekleideten Herrn auf sich zukommen. Sie spricht ihn an: „Ach, könnten Sie bitte eine Minute auf meinen Koffer achtgeben?"
Der Herr entgegnet entrüstet: „Erlauben Sie, ich bin Bankdirektor!"
Oma: „Das macht gar nichts! Ich habe trotzdem Vertrauen zu Ihnen."

Die passenden Schuhe

Oma im Schuhladen. Die Verkäuferin bemüht sich, Oma, die schon sieben, acht Paare probiert hat, gut zu bedienen.
„Fräulein", ruft Oma plötzlich begeistert, „das hier sind die ersten Schuhe, die richtig passen!"
Die Schuhverkäuferin kommt angelaufen und bemerkt: „Kunststück, gnä' Frau! Es sind keine Schuhe, die Sie anprobieren, es sind die Schuhkartons!"

Ersparnis

„Oma hat in letzter Zeit nichts
als ihr Auto im Kopf!"
„Na, ist doch spitze! Da
spart sie sich die Garage!"

Zum Steinerweichen

Fridolin hat sich die rechte Hand
aufgeschürft. Blut fließt. Er weint zum
Steinerweichen.
Die Oma tröstet ihren Enkel: „Der liebe
Gott heilt das ganz, ganz schnell!"
Fridolin hört zu weinen auf, schluchzt und
sagt: „Muss ich rauf oder kommt er
runter?"

Nie mehr zu Oma

Heinrich-Isidor beschwert sich bei seinen Eltern: „Also, dass ihr's wisst: Zu Oma gehe ich nie mehr!"
„Wieso denn? Warum denn? Was ist denn los?", wollen die Eltern wissen.
Heinrich-Isidor erklärt: „Oma sitzt den ganzen Tag auf dem Sofa und hat überhaupt nichts an."
„Hat überhaupt nichts an – was soll das heißen, Heinrich-Isidor?", fragt der Vater entsetzt und die Mutter macht ein ernstes Gesicht.
„Soll heißen: Oma hat überhaupt nichts an – weder einen Fernseher, noch ein Radio, noch einen Kassettenrekorder!"

Rotkäppchen

Babsi ist bei der Oma zu Besuch und führt sich wieder einmal recht ungezogen auf. „Babsilein", sagt die Oma, „kleine Mädchen müssen brav sein, sonst geht es ihnen wie dem Rotkäppchen. Du weißt doch, das hat der Wolf gefressen."
„Ja, ich weiß", antwortet Babsi und grinst ganz frech. „Aber zuerst hat er sich ja die Großmutter geschnappt!"

Das kann ja ...

 Meine Tante fährt Traktor,

Unsere Postbotin rennt wie der Blitz,

 Eine Marktfrau spricht nie leise,

Meine Schwester badet nur samstags,

Unsere Zeitungsfrau schwitzt,

 Eine Wasserratte atmet kräftig durch,

Unsere Nachbarin schimpft,

Eine Radfahrerin hält sich die Augen zu,

Verbinde die Hauptsätze oben mit den Nebensätzen auf der rechten Seite, wie es dir gefällt. Es ergeben sich witzige Geschichten.

heiter werden

weil sie nichts anderes gelernt hat.

weil ihr Vater immer dagegen war.

weil sie ein Donnerwetter fürchtet.

weil sie dabei an ihren Freund denkt.

weil sie sich keine Panne erlauben darf.

weil ihr nichts anderes übrig bleibt.

weil ihr Sand ins Auge geflogen ist.

weil sie nicht verheiratet ist.

weil ihr sonst schlecht wird.

Wie sie heißen, was sie sind...

Manche Leute könnten gar keinen passenderen Namen haben – sieht man sich ihren Beruf an:

Dorothea Windler, Hebamme

Traute Münzinger, Bankangestellte

Eberhard Zug, Eisenbahner

Franz Himmelstoß, Pfarrer

Harry Hacker,
Computerfachmann

Joachim Haserer,
Kaninchenzüchter

Achim Schindlbeck,
Dachdecker

Friedemann Weindl,
Bierfahrer

Melinda Mehl,
Bäckerin

Christian Kicherer,
Clown

Dr. Karin Zangerle,
Zahnärztin

Josef Rindfleisch,
Metzgermeister

Prof. Dr. Hartmut Denk,
Philosoph

Henning Platsch,
Bademeister

Marianne Eiler,
Postbotin

Florian Wiesheu,
Landwirt

Resi Morgen,
Zeitungsausträgerin

Bruno Schwach,
Starkstromtechniker

Fritz Kaltwasser,
Heizungsbauer

Melanie Plapperer,
Moderatorin

Jobst Brummer, Opernsänger

Hermann Gramm, Schwergewicht-Sportler

Gerhard Loch, Schneider

Meinolf Grob, Feinkosthändler

Marieluise Leer, Lehrerin

Wendelin Kurz, Langstreckenläufer

Hör und schau dich nach ähnlich lustigen Namen um!

Kommt ein Nilpferd in die Kneipe

Hohe Preise

Kommt ein Nilpferd in die Kneipe. Bestellt ein Bier.
Der Wirt staunt: „Jetzt mach ich diesen Laden hier seit zwanzig Jahren, aber so etwas ist mir noch nicht passiert!"
Das Nilpferd: „Bei diesen Preisen wird Ihnen das so schnell auch nicht wieder passieren!"

Wer's glaubt …

„Unser Hund lügt wie gedruckt!", behauptet Fritz. Hans glaubt ihm nicht.
Fritz: „Ich kann es dir beweisen … Struppi, wie macht die Katze?"
„Wau! Wau!"
„Siehst du?"

Im Schneckentempo

Eine kleine Schnecke erhält von ihrer Mutter den Auftrag, zwei Becher Joghurt einzukaufen. Sofort macht sich die kleine Schnecke auf den Weg. Sie ist stundenlang unterwegs. Endlich kehrt sie zurück und fragt: „Mit oder ohne Früchte?"

Irres Tempo!

Zwei Spatzen auf der Wiese. Über ihnen ein Flugzeug. Sagt der eine zum anderen: „Der große Vogel da oben hat ein irres Tempo drauf, was?"
Erwidert der andere: „Was denkst du denn, wie du fliegst, wenn dir Schwanz und Flügel brennen!"

Auf dem Bauernhof

Auf dem Bauernhof proben die Tiere den Aufstand. Denn die Kuh bekommt zu wenig Futter und der Hof wird schlampig geführt.
„Ich zische ab", sagt die Kuh zur Ziege.
„Da geh ich gleich mit", meckert diese, „denn ich darf ja nicht einmal mehr meckern hier!"
Rennt das Schwein auf die beiden zu.
„Komm doch mit, Schwein! Wir hauen ab! Das ist doch kein Leben hier, oder?"
Grunzt das Schwein: „Ich bleibe. Einen solchen Saustall wie hier findet man so schnell nicht wieder!"

Ameisenbegräbnis

Eine Kuh lässt auf der Weide etwas fallen. Klatsch!
Unter dem „Etwas" wird eine Ameise begraben. Nach einigen Stunden hat sich das fleißige Tierchen frei gearbeitet, taucht hoch und meint: „Frechheit! Und auch noch mitten ins Auge!"

Schon möglich

Treffen sich zwei Würmer in einem Stück Käse. Sagt der eine Wurm zum anderen: „Haben wir uns nicht erst gestern in einem Apfel gesehen?"
„Schon möglich", erwidert der andere, „gestern hatte ich meinen Obsttag."

Schönes Kerlchen

Sagt die Kundin in der Tierhandlung zum Papagei: „Na, schönes Kerlchen, kannst du auch schön sprechen, hm?"
Antwortet der Papagei: „Na, schönes Mädchen, kannst du auch schön fliegen, hm?"

Gut aufgelegt mit Herrn Zangerle

Gewisses Örtchen

Der Herr Zangerle kommt nach München.
Dort muss er ein gewisses Örtchen
aufsuchen, mitten in der Innenstadt.
Fragt der Herr Zangerle die Klofrau: „Na,
wie geht denn heute das Geschäft?"
Die Klofrau schaut ihn mit zugekniffenen
Augen an und sagt: „Nicht so gut wie in der
Zwetschgenzeit!"

Ein bisschen Grau

Zangerles Hund Bobby ist entlaufen. Herr Zangerle rennt zur Polizei.
„Beschreiben S' den Hund, bitte!", wird Herr Zangerle aufgefordert.
„Größe?"
„Ja, nicht gerade klein, aber auch nicht gerade groß …"
„Farbe?"
„Ja, nicht nur braun, auch ein bisschen schwarz und ein bisschen weiß und ein kleines bisschen grau …"
„Das wird schwierig", meint der Polizist.
Zangerle daraufhin eifrig: „Bobby heißt er. Und … und … und wenn man ihn ruft, kommt er nicht!"

Bitte füttern!

„Herr Zangerle, Herr Zangerle!", rufen Leni und Britta ihrem Nachbarn im Treppenhaus nach. Der Herr Zangerle dreht sich um. Da hört er die beiden Mädchen sagen: „Bitte, Herr Zangerle, spielen Sie mit uns Zoo. Bitte, bitte! Wir sind die Affen." Der Herr Zangerle ist ein bisschen verwirrt. Er fragt: „Und was soll ich dabei spielen?" Die Mädchen: „Den netten alten Tierpfleger, der uns mit Schokolade füttert."

Ein Volldepp

Zangerle muss vor Gericht, auf die Anklagebank.
Der Kläger zeigt auf Zangerle und sagt zum Richter: „Sie, Herr Richter, der da hat mich einen Volldeppen genannt!"
„Stimmt das, Angeklagter?", fragt der Richter Herrn Zangerle.
Nach kurzer Überlegung sagt dieser: „Ich nehme meine Behauptung zurück, Herr Richter. Es gibt ja auf dieser Welt nichts Vollkommenes."

Schularzt-Untersuchung

Die Schülerinnen und Schüler stehen in der Reihe an.
An Fred richtet der Schularzt die Frage:
„Hast du eigentlich Probleme mit den Ohren, mein Junge?"
„Ja, Herr Doktor. Immer wenn ich meinen Pullover anziehe …!"

Die Spritze

Lorenz, der Jüngste der Familie, muss geimpft werden. Die Sprechstundenhilfe bemüht sich, Lorenz zu beruhigen. Der Junge aber hält nicht still. Er sträubt sich gegen das Einstechen der Nadel. Schließlich ist es der Ärztin gelungen, den Jungen zu impfen. Sie fragt ihn: „Weißt du denn überhaupt, wogegen du geimpft wurdest?"

Lorenz: „Natürlich weiß ich das. Gegen meinen Willen!"

Absolute Ruhe

Arzt: „Frau Finkbein, Ihr Mann muss absolute Ruhe haben. Hier ist ein Schlafmittel!"
Frau Finkbein: „Wann soll ich's ihm denn eingeben?"
Arzt: „Überhaupt nicht! *Sie* sollen's einnehmen."

Vermutung

Zu einem berühmten Arzt kommt Verwandtschaftsbesuch. Jeder möchte einen guten Rat.
Die kleine Nichte will wissen, ob Fische gesund sind.
„Vermutlich ja", sagt der berühmte Arzt, der oft sehr zerstreut ist. „Sonst wären schon welche in meine Praxis gekommen."

Beim Augenarzt

„Ich brauche eine Brille, Herr Doktor!"
„Kurzsichtig oder weitsichtig?"
„Durchsichtig."

Im Krankenhaus

„Das muss ja entsetzlich wehgetan haben,
als Sie herunterfielen", bedauert der Arzt
den Patienten mit dem Gipsbein im Bett.
„Weniger das Herunterfallen, Herr Doktor,
als das Untenankommen."

Beim Hausarzt

„Was ich Ihnen raten möchte, Herr Müller: Schlafen Sie möglichst oft bei offenem Fenster!", sagt der Arzt zum Patienten. Eine Woche später fragt er ihn: „Na, Herr Müller, fühlen Sie sich besser? Sind Sie Ihre Wehwehchen losgeworden?"
„Nein, Herr Doktor, nur meinen teuersten Teppich, die Brieftasche und den Schmuck meiner Frau."

Bei der Zahnärztin

„Ich muss dir heute drei Zähne ziehen, Waldemar", sagt Frau Peinlich. Waldemar: „Wie lange wird das dauern?"
„Na, vielleicht eine halbe Stunde."
Darauf Waldemar: „Dann ziehen Sie mal. Inzwischen geh ich eine Cola trinken."

Unterwegs – nicht nur auf Rädern

Umsonst

Ein Taxifahrer wird angesprochen: „Was kostet eine Fahrt zum Bahnhof?"
Taxifahrer: „Zehn Euro."
„Und die beiden Koffer?"
„Die kosten nichts."
„Also, dann fahren Sie bitte meine Koffer zum Bahnhof! Ich geh zu Fuß."

Benjamin will's wissen

Sonntagnachmittag. Familienausflug in den Zoo. Vor dem Gehege der Kamele: „Wer ist denn nun der Kamelvater und wer ist die Kamelmutter?", fragt Benjamin. Die Mutter gibt zur Antwort: „Merk dir, Junge, das größere Kamel ist immer der Vater!"

Im Bus

Ein Schüler fährt im Bus von der Schule nach Hause. Ein älterer Herr sitzt ihm gegenüber. Er macht ein mürrisches Gesicht.
„Soll ich Ihnen einen Lehrerwitz erzählen?", fragt der Schüler den älteren Herrn.
„Mein Junge", sagt dieser, „ich mache dich darauf aufmerksam, dass ich der Schulrat bin!"
„Macht gar nichts", sagt der Schüler, „ich erzähle ihn ganz langsam!"

In München

Ein Herr vom Land fragt im Stadtbus
seinen Nachbarn: „An welcher Haltestelle
muss ich aussteigen – zum Königsplatz?"
Kriegt der Herr vom Land zur Antwort:
„Richten Sie sich nur nach mir! Sie müssen
zwei Haltestellen vor mir raus."

Aufgehalten

Ohne Licht fährt der Seppi
auf seinem Fahrrad in
der Stadt; es ist schon
fast dunkel.
Ein Polizist hält ihn auf
und fragt ihn: „Wie
heißt du?"
Seppi, lässig: „Josef
Schlickermeier."
Polizist: „Und dein Alter?"
Seppi, kurz: „Auch Schlickermeier."

Kurzes Diktat

Der Vater regt sich auf: „Wie ist denn das möglich: sechzehn Fehler in diesem kurzen Diktat …!?"
Bastian, ganz ruhig: „Das liegt bloß an der neuen Lehrerin. Die sucht wie verrückt."

Selten gut

Lehrerin zur Schülerin: „Die Vorsilbe ‚un' bedeutet selten etwas Gutes. Denk nur mal an Wörter wie unruhig, unbeholfen, unfreundlich!"
Schülerin zur Lehrerin: „Ich weiß noch ein Beispiel: Unterricht …"

Im Biologieunterricht

Prüfung in Biologie. Auf dem Tisch steht ein halb zugedeckter Käfig. Nur die Beine des Vogels sind sichtbar.
„Wie heißt dieser Vogel?", fragt der Lehrer.
„Weiß ich nicht!"
„Wie heißen Sie?"
„Raten Sie mal!", sagt da der Schüler – und zieht seine Hosenbeine hoch.

Im Religionsunterricht

„Was kommt nach der Ewigkeit?" Wie aus einem Munde tönt es aus den letzten Reihen: „Amen."

Wer sitzt wo?

„Beschreibe mal die Wirbelsäule", bittet der Lehrer die kleine Martina. Sie ist ratlos. Der Lehrer hilft ihr: „Fang einfach oben an und hör unten auf!" Martina weiß jetzt Bescheid und sagt: „Oben sitzt der Kopf und unten … unten sitze ich."

Im Deutschunterricht

Aufsatzthema ist, über jeden Tag der Woche etwas zu erzählen.
Detlef, der Sohn eines Jägers, schreibt:
„Am Montag ging ich mit meinem Vater auf die Jagd. Er schoss einen Rehbock. Das gab Fleisch für Dienstag, Mittwoch, Donnerstag, Freitag, Samstag und Sonntag."

Mein schönstes Ferienerlebnis

Dieter schreibt einen Aufsatz über sein schönstes Ferienerlebnis: „Wir sind mit Papas neuem Auto von Bindlach nach Hamburg gefahren. Es war großartig! Wir haben drei Trottel, sieben Idioten, fünf blöde Affen, zwölf alte Ziegen und an die zwanzig Armleuchter überholt."

Schlecht frisiert

Lehrer zum Schüler: „Schon wieder kommst du ungekämmt in den Unterricht!"
Schüler zum Lehrer: „Hab leider keinen Kamm."
Lehrer zum Schüler: „Dann nimm den von deinem Vater!"
Schüler zum Lehrer: „Der hat aber eine Glatze."

Welcher Fall?

Herr Löffler, der Deutschlehrer, möchte von Charlotte wissen: „Was ist das für ein Fall, wenn du sagst: Das Lernen macht *mir* Freude?"
Charlotte muss nicht lange überlegen. „Ein seltener, Herr Löffler."

Im Hörsaal

Ein Professor der Medizin beginnt mit der Vorlesung.
Meldet sich ein Student ganz vorne im Hörsaal: „Sie wollten doch heute über das Gehirn sprechen, Herr Professor!"
Der Herr Professor schaut von seinem Lesepult auf und sagt: „Ein anderes Mal, Gerber! Heute habe ich was ganz anderes im Kopf."

Lach dich tot bis an das Ende!

Vor Gericht

„Sie müssen alles tun, Herr Rechtsanwalt, damit ich nicht zu lange hinter Gitter komme", fleht der Angeklagte. „Wenn Sie es schaffen, dass ich nur zwei Monate bekomme, zahle ich Ihnen ein Extra-Honorar von 5 000 Euro!"
Am Ende der Verhandlung wird der Angeklagte tatsächlich zu zwei Monaten Gefängnis verurteilt.
Erleichtert atmet der Rechtsanwalt auf und sagt zu seinem Schützling: „Ich kann Ihnen sagen, das war harte Arbeit. Wollte Sie doch der Richter glatt freisprechen!"

Auf der Straße

Herr Professor Grünebein geht – wie immer zerstreut – über die Straße. Beinahe wäre er von einem Radfahrer angefahren worden.
„Haben Sie mich denn nicht klingeln hören?", fragt der Radfahrer.
„Doch, doch!", gibt Herr Professor Grünebein zu. „Aber ich dachte, es sei das Telefon."

Auf dem Bauernhof

Ein Futtermittel-Vertreter erscheint. Er fragt den kleinen Bauernbuben: „Wo kann ich denn deinen Vater finden?"
Darauf der Bub: „Im Schweinestall. Sie erkennen ihn an seinem karierten Hemd."

In der Polizisten-Schule

Wie man wohl ohne Gewalt eine größere Ansammlung von Menschen zerstreuen könne, werden die jungen Polizisten gefragt.
Meldet sich einer und sagt: „Da ist gar nichts dabei. Sie nehmen eine Sammelbüchse und fangen an zu sammeln."

Beim Freund

Weinend kommt Alex zu seinem Freund Willi gelaufen.
„Was ist denn los, Alex?"
„Ach, Mensch! Mein Vater hat sich beim Bilderaufhängen mit dem Hammer auf die Finger gehauen …"
„Na und? Deswegen brauchst du doch nicht zu heulen!"
„Hab ich ja zuerst auch nicht, da hab ich gelacht."

Im Badezimmer

Linda hält ihren Stoffteddy unter die Dusche. Als er ganz pitschnass ist, steckt sie ihn in den Gefrierschrank.
Die Mutter sieht es und ist entsetzt.
Linda erklärt: „Weißt du, Mutti, ich wünsch mir doch schon so lange einen richtigen Eisbären!"

Im Blumenladen

„Darf ich die Blumen ausnahmsweise morgen bezahlen?", fragt die Kundin. Antwort des Geschäftsinhabers: „Ja, gnä' Frau, gern! Nur würde ich Ihnen empfehlen, noch einen kleinen Strauß Vergissmeinnicht mitzunehmen."

Im Restaurant

Der Gast sitzt am Tisch und liest die Speisekarte. Der junge Kellner wartet auf die Bestellung und steht nervös daneben. Da fängt der Gast an. „Ich schwanke noch zwischen saurer Niere und geschnittener Lunge …"
„Da sind Sie hier falsch, mein Herr", fährt der Kellner dazwischen. „Wir sind ein Restaurant und kein Krankenhaus!"

Im Tanzlokal

Junger Mann zu seiner Partnerin: „Ob du's glaubst oder nicht, aber den Walzer habe ich aus dem Buch ‚So tanzt du richtig' gelernt."
Sagt die junge Dame: „Das merkt man. Du tanzt wahrscheinlich sämtliche Druckfehler mit."

Auf dem Rummelplatz

Erster Karussellbesitzer: „Wohin gehen Sie dieses Jahr auf Urlaub?"
Zweiter Karussellbesitzer: „Am liebsten mal geradeaus."

Auf dem Reiterhof

Ein Mann sammelt schon eine ganze Weile Pferdeäpfel ein.
„Was machen Sie denn damit?", will ein kleiner Junge wissen.
Sagt der Mann: „Die gebe ich zu den Erdbeeren."
Sagt der Junge: „Aha, mal was anderes als Schlagsahne!"

Am Heiligen Abend

„Zünde bitte den Christbaum an, Felix!",
sagt der Vater.
Es vergeht eine Weile.
Felix geht auf Vater zu und fragt dann:
„Papi, auch die Kerzen?"

Beim Lesen

„Wenn ich ein Buch von Karl May lese, bin ich jedes Mal gefesselt", sagt Thomas zu seinem Freund.
„Stört dich das denn nicht beim Umblättern?", fragt dieser ihn.

Im Treppenhaus

Ein Schrei. Ein Sturz. Gepolter.
„Hast du gehört, Mama? Ich glaub, jetzt hat Papa endlich meinen zweiten Rollschuh gefunden!"

Hans Gärtner wurde 1939 in Reichenberg/ Nordböhmen geboren. Seit seiner Kindheit wohnt er in Oberbayern.
Er war Volksschullehrer, promovierte nach einem Zweitstudium zum Dr. phil. und arbeitete danach viele Jahre als Professor für Grundschulpädagogik in Eichstätt. Seine Arbeitsschwerpunkte sind Leseerziehung und Kinderliteratur.

Dorothea Tust, geboren 1956, studierte in Wuppertal Grafik-Design mit dem Schwerpunkt Illustration. Seit 1980 ist sie freiberuflich als Illustratorin für verschiedene Verlage tätig. Sie arbeitet außerdem an Trickfilmprojekten und hat schon viele Bildergeschichten für „Die Sendung mit der Maus" gezeichnet.

Lila L. Leiber studierte Werbegrafik und arbeitete danach in verschiedenen Agenturen. Seit 1982 lebt sie in Hannover. Lila Leiber hat bereits zahlreiche Kinder- und Schulbücher illustriert. Ihre besten Kritiker sind ihre beiden Söhne David und Robert.

Noch mehr Witze-Spaß im Taschenbuch

ISBN 978-3-7855-8154-4

Hier bleibt kein Auge trocken

ISBN 978-3-7855-7918-3